REMARQUES

SUR LA

GÉOGRAPHIE POLITIQUE ET HISTORIQUE

DE

L'EUROPE CENTRALE

PARIS
LIBRAIRIE MILITAIRE DE L. BAUDOIN
IMPRIMEUR-ÉDITEUR
30, Rue et Passage Dauphine, 30

1893

REMARQUES

SUR LA

GÉOGRAPHIE POLITIQUE ET HISTORIQUE

DE

L'EUROPE CENTRALE

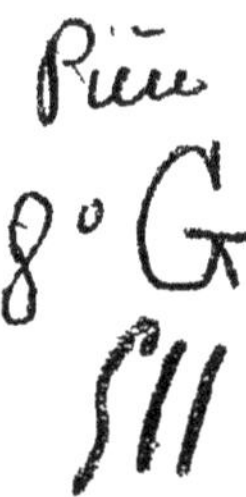

PARIS. — IMPRIMERIE L. BAUDOIN, 2, RUE CHRISTINE.

REMARQUES

SUR LA

GÉOGRAPHIE POLITIQUE ET HISTORIQUE

DE

L'EUROPE CENTRALE

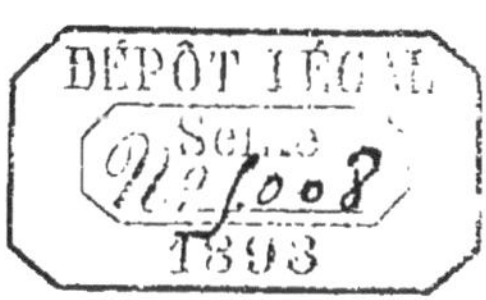

PARIS
LIBRAIRIE MILITAIRE DE L. BAUDOIN
IMPRIMEUR-ÉDITEUR
30, Rue et Passage Dauphine, 30

1893

REMARQUES

SUR LA

GÉOGRAPHIE POLITIQUE ET HISTORIQUE

DE

L'EUROPE CENTRALE.

CHAPITRE PREMIER.

Empire d'Allemagne. — Importance géographique de l'Elbe. — Allemagne et Prusse.

Quand on étudie la carte de l'Europe centrale, en cherchant à expliquer sa constitution politique par celle du sol et des races, et qu'on considère, d'un côté l'empire allemand actuel, et de l'autre les peuples qu'il comprend et la contrée qu'il occupe depuis les Alpes et les monts du nord de la Bohême jusqu'à la mer du Nord et à la Baltique, on reste d'abord étonné du peu de rapport qu'a l'œuvre des hommes avec celle de la nature.

Rarement, en effet, la nature a plus visiblement séparé deux régions qu'elle n'a fait celle de la rive gauche de l'Elbe et celle de la rive droite. Ce grand fleuve, depuis sa sortie de Bohême, est une frontière naturelle s'il en fut jamais et peut-être plus nettement marquée encore que le Rhin, puisque, de part et d'autre de ce dernier fleuve, s'étendent du moins les mêmes formations géologiques. Pour l'Elbe, au contraire, le contraste est absolu.

Si, en effet, on interroge la géologie[1], la région à l'ouest de

---

[1] Voir une caite géolologique de l'Allemagne, par exemple, celle de l'Atlas

l'Elbe ne présente qu'un croisement confus de tous les soulèvements, un amas de tous les terrains, où l'on distingue seulement une immense bande centrale de trias et de grès qui, depuis le Jura souabe, va jusqu'à Minden et Magdebourg, et sur les bords de laquelle toutes les autres formations sont répandues dans un désordre et un émiettement extraordinaires, d'une part jusqu'au Rhin et de l'autre jusqu'à la masse granitique de la Bohême.

Si l'on considère la géographie, cette région n'est pas moins diversifiée, car, en dehors de la grande plaine d'alluvions (Hanovre) qui au nord la joint à la mer, et du plateau également formé d'alluvions (Bavière), qui au sud la prolonge au delà du Danube jusqu'aux Alpes, on n'y voit partout que chaînes de montagnes allongées dans tous les sens, massifs isolés comme le Rœn, le Vogelsgebirg, le Hartz, ou hauts plateaux stériles et froids, toujours disposés sans rapport et sans suite et comme jetés au hasard. Et, tandis qu'ailleurs les grandes rivières semblent les chemins par où les parties d'un même peuple communiquent entre elles, les artères qui les unissent et leur portent une même vie, ici au contraire les directions successivement perpendiculaires du Danube, du Neckar, du Mein et du Weser, qui découpent si singulièrement l'Allemagne en long et en travers, ne paraissent tracées que pour en multiplier les parties et les séparer davantage les unes des autres.

Il est visible qu'une telle contrée n'offrant pas de centre ni aucune partie qui puisse servir de noyau aux autres est prédestinée, non à l'unité, mais à la division perpétuelle. Et, en effet, toute son histoire jusqu'à nos jours nous présente la plus grande ressemblance entre sa constitution physique et sa constitution politique, et il est facile de retrouver dans le monstre à cent têtes du corps germanique l'inextricable morcellement dont la nature a frappé cette contrée.

De l'autre côté de l'Elbe, au contraire, s'étend une région absolument différente. Brusquement, du pied même des monts de l'Allemagne, part une plaine immense qui va pendant

---

de Marga (2e partie). Pour la suite de cette étude, il serait bon de se reporter aussi à la carte de la formation territoriale de la Prusse qui se trouve dans le même atlas. On consulterait aussi avec profit, dans un atlas historique quelconque, les cartes qui présentent l'état politique de l'Europe de siècle en siècle.

des centaines de lieues jusqu'aux confins de l'Asie. Chaînes, plateaux et massifs ont disparu sans retour; à l'est de l'Elbe, au nord de la Bohême et des Carpathes, on ne trouve plus que l'uniformité d'une mer.

Que si, maintenant, on considère les peuples qui se font face sur les deux bord de l'Elbe, leurs traits distinctifs sont également bien visibles. Entre le Rhin et l'Elbe, si loin qu'on remonte dans l'obscurité des premiers temps, s'étendait la race germaine, les Allemands d'aujourd'hui, et de l'autre côté de l'Elbe cette race intermédiaire entre les Germains et les Slaves, qui s'est appelée les Prussiens. L'Elbe a protégé les Germains comme le Rhin protégeait les Gaulois, et les villes de l'Elbe, Dresde, Torgau, Magdebourg, sentinelles du fleuve frontière, marquent par leur emplacement sur la rive gauche, la même nécessité de défense contre des attaques venant de l'est, dont Strasbourg, Mayence et Cologne témoignent sur le Rhin.

Aujourd'hui l'Elbe est la grande ligne qui sépare encore l'Allemand du Prussien. Malgré leur union en 1870, il y a une différence profonde entre ces deux races Les Prussiens sont un peuple aimant véritablement la guerre et ne l'ayant jamais faite sans gloire, si ce n'est en 1806; peuple organisé d'ailleurs, dans la paix comme dans la guerre, sur un plan militaire, où les paysans, braves et dociles, sont naturellement soldats, et où les nobles, pauvres, rudes, énergiques et laborieux, sont demeurés par cela même les chefs militaires légitimes et incontestés de la nation. Les Allemands, au contraire, malgré la fausse impression que nous en a donnée la guerre de 1870, sont naturellement pacifiques, et il faut prendre à la lettre leurs protestations continuelles d'amour de la paix, de la famille et de la tranquillité. Dans la bourgeoisie allemande, la métaphysique et la musique sont toujours les occupations les plus relevées de la vie et le plus glorieux emploi des facultés humaines. Un entraînement factice, créé dans les écoles et les universités, et surtout la main de fer de la Prusse, ont pu faire marcher les Allemands contre nous, mais cela ne prouve que leur facilité à servir sous tous les maîtres étrangers. Napoléon les a fait marcher de même pendant dix ans sous ses drapeaux, et ils ne l'ont trahi que lorsqu'ils l'ont vu succombant sous les coups des Russes, des Prussiens et des Autrichiens; ce qui peut nous donner la mesure dans laquelle ils resteront fidèles à la Prusse, et l'espérance qu'ils sauront, le jour de sa défaite, retrouver contre elle les canons de Leipzig et d'Hanau.

Ainsi l'Elbe sépare deux contrées et deux races entièrement différentes, et pourtant aujourd'hui ce grand fleuve, qui paraissait avoir été tracé comme la limite de deux empires, ne marque plus même celle d'une province. La plaine et la montagne sont réunies sous la même couronne, et toutes les prévisions de la géologie et de la géographie démenties. Mais ce qui peut rassurer sur la durée de cet assemblage contraire à la nature, c'est que cette même couronne impériale, portée aujourd'hui par la Prusse, a déjà causé l'abaissement de l'Espagne et de l'Autriche, aussi grandes puissances certainement dans leur temps que la Prusse aujourd'hui, et ceux qui se souviendront que la France l'a arrachée à l'une et à l'autre, pourront au moins douter si cette carte de la vieille Europe qui a déjà changé tant de fois est maintenant fixée pour jamais.

Ce qui atteste, en effet, la fragilité de cet édifice orgueilleux, c'est le peu de profondeur de ses fondements. L'histoire de l'Allemagne montre de tout temps, dans l'état politique, les divisions naturelles momentanément effacées aujourd'hui, et si l'on considère cette histoire depuis le partage de l'empire de Charlemagne jusqu'à la chute de Napoléon, on s'étonnera qu'elles aient été si exactement observées pendant dix siècles. D'autre part, on verra la Prusse, née à l'est de l'Elbe, en dehors de l'Allemagne, se former et grandir en restant toujours au-dehors d'elle pendant quatre cents ans, et enfin ne pénétrer dans ce pays qu'elle domine aujourd'hui qu'au commencement de notre siècle et à la suite des plus grands bouleversements que l'Europe ait subis depuis les invasions barbares.

Mais, avant de continuer, il faut marquer les rapports que peut avoir la France avec les contrées de la rive droite du Rhin.

CHAPITRE II.

Des ennemis naturels de la France.

L'Europe occidentale se divise naturellement en deux grands pays, la Gaule, de l'Atlantique jusqu'au Rhin, et la Germanie, du

Rhin jusqu'à l'Elbe et à la Bohême. Ces deux grands pays voisins ont été de tout temps ennemis, et la France et l'Allemagne le sont aujourd'hui comme les Gaulois et les Germains l'étaient il y a deux mille ans, quand César vint au secours de nos pères, opprimés par les bandes d'Arioviste.

Cette simple constatation d'une vérité historique peut étonner les soi-disant philosophes de notre temps, parmi lesquels c'est un dire commun que les rapports plus fréquents et la facilité des communications entre les peuples supprimeront à la fin les guerres et amèneront la paix universelle. Mais l'histoire ne s'est jamais réglée sur les lieux communs, et ceux qui disent : « Les peuples ne se détestent que parce qu'ils ne se connaissent pas ; ils s'aimeront quant ils se connaîtront mieux, » font seulement par là éclater leur ignorance, puisque précisément l'histoire entière montre que c'est aux frontières qu'on déteste le plus l'étranger, et que les rapports et le voisinage de races différentes ont toujours été la source intarissable des haines et la grande cause de toutes les guerres. Et, à défaut de l'histoire, le bon sens l'indiquerait, car comment pourrions-nous avoir des démêlés avec des peuples à qui nous n'avons jamais affaire? Et n'est-il pas évident, au contraire, que la facilité des communications ne peut qu'augmenter celle des guerres, tandis que la meilleure sauvegarde à cet égard serait une frontière infranchissable? La nature a donné à l'Angleterre une pareille défense, et cela seul l'a jadis préservée de notre juste vengeance.

Loin donc qu'une connaissance plus intime et des rapports plus fréquents assurent la paix entre deux peuples, ils ne peuvent que faire renaître sans cesse les mêmes causes de conflits, et c'est pour cela que la guerre avec nos voisins est naturelle et vieille comme le monde, tandis que celle avec les puissances éloignées et séparées de nous n'a presque jamais ni raison ni but. Dès qu'une nation ne nous touche plus par aucun endroit, elle cesse d'avoir des intérêts territoriaux à débattre avec nous, elle n'a plus rien à conquérir, à reprendre ou à partager, et par cela même cesse d'être notre ennemie, et la guerre avec elle s'éteint toute seule faute d'aliments[1].

---

[1] Il y a dans les écrits de Napoléon cent passages propres à démontrer ce principe de politique que les Etats voisins sont les seuls qui doivent avoir

Cette considération expliquera toute l'histoire des variations de la politique française à l'égard de l'Espagne, de l'Autriche et de la Prusse, suivant que ces puissances ont dominé sur l'Allemagne ou en ont été éloignées, et montre que notre politique n'a varié qu'en apparence, mais qu'elle est restée la même en effet, et que tout ce changement n'a consisté qu'en celui du nom de nos ennemis.

Les Romains s'étant arrêtés sur les limites de la Germanie, le Rhin et le Danube restèrent pendant cinq cents ans la barrière entre la civilisation romaine et la barbarie germanique.

Après la destruction de l'empire romain et le long chaos des invasions et des bouleversements, Charlemagne réunit la Gaule et la Germanie sous une même domination. L'Elbe devint la limite de son empire, et il bâtit sur ce fleuve ses forteresses-frontières, comme les Romains avaient fait sur le Rhin. Quand, au traité de Verdun, son empire fut partagé, la Germanie, entre le Rhin et l'Elbe, forma un seul État qui allait prendre et garder le nom d'Empire, mais la Gaule fut divisée en deux. La partie à l'est de la Meuse et des Cévennes forma le long royaume de Lotharingie ; ce fut par là que les Allemands rentrèrent en Gaule, et la Germanie s'accrut de tout ce grand territoire gaulois. Plus tard, nos autres voisins, les Anglais, pénétrèrent en Gaule par les parties échappées aux Allemands, par la Normandie et la Guyenne.

Si bien que lorsque Hugues Capet devint roi (en 987) et qu'avec la maison capétienne et le premier roi national naquit véritable-

---

des intérêts capitaux à débattre et entre qui, par conséquent, les guerres soient justifiées.

Le 24 août 1805, écrivant au général Duroc, grand maréchal du palais, pour lui indiquer les conditions d'un traité avec la Prusse, l'Empereur lui disait : « Le traité pourra être divisé en deux : l'un patent dans lequel seront les principales clauses ; l'autre dont les clauses seront secrètes. *Je ne veux point qu'il soit question de Naples; cela ne regarde pas la Prusse.* Je ne veux point garantir l'independance des republiques batave et helvétique. Je garantirai l'intégrité de la Hollande et l'exécution de l'acte de médiation de la Suisse. *Je n'entends pas non plus m'engager à renoncer à la couronne d'Italie, cela en réalité n'intéresse point la Prusse. La Hollande l'intéresse comme étant voisine de ses Etats et la Suisse comme touchant à l'Allemagne.* »

Dans le 14e Bulletin de la Grande Armée (campagne de 1805), l'Empereur écrivait encore. « Les officiers russes les plus instruits comprennent bien que *la guerre qu'ils nous font est impolitique, puisqu'ils n'ont rien à gagner contre les Français, que la nature n'a pas placés pour être leurs ennemis.* »

ment notre France, elle trouva, comme Hercule, deux ennemis dans son berceau, l'Angleterre et l'Empire. Et si l'on veut d'un seul coup admirer toute la suite de notre histoire, quand, huit cents ans après Hugues Capet, une France nouvelle sortit des débris de la monarchie,

> « Regardant tous les rois de sa gloire étonnés »,

ce furent encore l'Angleterre et l'Empire qui tentèrent d'étouffer la République naissante (1793)[1]. Leur double haine est comme un fil qui lie toute l'histoire de France.

Ce n'est pas ici le lieu de parler de l'Angleterre ; il suffira de dire que depuis huit cents ans on retrouve sa main, avec celle de l'Empire, dans tous les malheurs de notre patrie. Le roi Jean mourut à Londres prisonnier des Anglais, François Ier fut traîné à Madrid par l'empereur Charles-Quint, Napoléon est mort sous la garde d'un geolier anglais et, par un outrage inouï, le nouvel empereur d'Allemagne a été proclamé dans le palais de Versailles. Pitt et Cobourg, ces deux noms que la Convention mêlait dans ses exécrations, signifient encore l'Angleterre et l'Empire, comme autrefois Marlborough et le prince Eugène, comme Henri VIII et Charles-Quint. Car la ligue que l'Angleterre et l'Empire formèrent contre la Convention à la fin du XVIIIe siècle, au commencement du même siècle, ils l'avaient formée contre Louis XIV. Au XVIe siècle, ils l'avaient faite contre François Ier et ils la refirent au XIXe contre Napoléon : tellement l'étranger connaît clairement, à travers tous nos changements de gouvernement et sous la face diverse des temps, l'image éternelle de la France, que tant de Français ne savent pas voir. Mais ce n'est pas assez de remonter jusqu'à la ligue du XVIe siècle contre François Ier. Trois cents ans avant lui,

---

[1] « Pitt voyait avec douleur l'Angleterre augmenter sa dette par les immenses subsides qu'elle payait à l'Europe pour balancer l'effet des victoires de la République. La Prusse lui échappait, la Russie était loin, elle observait l'Europe, elle avait des injures personnelles à venger. Quant à l'Espagne, elle menaçait de sacrifier de bonne heure ses liens de famille à ce qu'elle croyait être son intérêt. Aussi, ce fut vers l'Autriche et le corps germanique qu'on appelait l'Empire, que Pitt dirigea les efforts de sa politique ; seuls ils soutenaient encore sur le continent la lutte contre la Révolution. La République était assiégée sur le Rhin et sur les Alpes dans le temps que Toulon tombait au pouvoir des Coalisés. De tous côtés la France était bloquée, et l'Angleterre se flattait d'un triomphe prochain, quand Napoléon contribua à la reprise de Toulon. » NAPOLÉON, *Mémoires*, chapitre de la situation de l'Europe en 1798.

c'était déjà une ligue pareille dont l'épée de Philippe Auguste avait tranché le nœud à Bouvines.

Qu'y a-t-il donc de changé depuis les temps de Philippe-Auguste jusqu'aux nôtres? N'avons-nous pas encore les mêmes ennemis? Ces Anglais qu'il chassa de la Normandie et que nous avons peu à peu chassés de toute la France, ne rencontrons-nous pas aujourd'hui encore, à défaut de leurs armées, leurs lâches embûches sur tous les chemins de l'univers? Et cette armée impériale qu'il a vaincue à Bouvines, ne campe-t-elle pas encore sur la terre gauloise, sur toute cette rive gauche du Rhin que Dieu avait donnée à nos pères?

Et, en effet, pour ce qui regarde seulement l'Empire, on peut dire que toutes nos guerres avec lui n'ont été que la revendication des terres gauloises qu'il a usurpées sur la rive gauche du Rhin, et que c'est ainsi que nous avons eu successivement pour ennemis tous ceux que les hasards de l'élection mettaient en possession de l'Empire. C'est pour cela que l'Espagne [1] et l'Autriche ont été si longtemps acharnées contre nous, et c'est pourquoi la Prusse est devenue et restera notre adversaire jusqu'à ce que le sceptre impérial ait été brisé entre ses mains, comme il l'a été entre celles de l'Autriche et de l'Espagne.

CHAPITRE III.

Formation territoriale de la Prusse dans ses rapports avec l'Allemagne et la France. — Napoléon et la Prusse. — Derniers changements politiques de l'Europe centrale et leurs causes. — Traité de Francfort.

Charlemagne borna ses conquêtes à l'Elbe, donnant ainsi à son empire les limites de la Germanie. Au delà, s'étendaient vers l'Oder les peuples alliés et tributaires; ils touchaient à la région

---

[1] « Il n'y a point de théologien au monde, écrivait le cardinal de Richelieu, qui puisse redire à la liaison que Votre Majesté (Louis XIII) entretient avec les Hollandais, non seulement en conséquence des traités du feu roi (Henri IV), mais de plus parce que *l'Espagne ne pouvant pas n'être pas censée ennemie de cet État tandis qu'elle lui retiendra une partie de ses anciens domaines*, il est clair que la cause qui a donné lieu à ces traités n'étant pas cessée, la continuation de l'effet est aussi légitime que nécessaire. » (*Testament politique*, chap. I, succincte narration de toutes les grandes actions du roi jusqu'à la paix.)

alors inconnue des Sarmates, c'est-à-dire au territoire des Slaves, dont les peuples de l'Elbe et de l'Oder paraissent aussi différents qu'ils le sont eux-mêmes des Germains. Lorsque, après la mort de Charlemagne, le Saint-Empire romain fut diminué de la plus grande partie de la Gaule et ne s'étendit plus vers l'ouest que jusqu'à la Meuse, les peuples à l'est de l'Elbe continuèrent à reconnaître l'Empire, mais ils n'en firent partie que de nom pendant longtemps, et ne se mêlèrent à aucune de ses luttes contre la France.

L'origine de la maison de Prusse ne remonte qu'à l'an 1417, où un baron de Hohenzollern fut nommé par l'Empereur électeur de Brandebourg, c'est-à-dire de ce petit territoire entre l'Elbe et l'Oder, soumis au même souverain que la Germanie. Le nouvel électorat n'avait sur la rive gauche de l'Elbe qu'un district, la Vieille-Marche, dont le nom indique la place de l'ancienne frontière de l'Empire.

Pendant deux cents ans, le Brandebourg s'étendit très peu, et constamment vers l'est et le sud, gardant son nom et son rang d'électorat dépendant de l'Empire. En 1618, la destinée, qui poussait cette puissance naissante vers l'est et l'éloignait de l'Allemagne, donna en héritage à l'électeur Jean Sigismond le duché de Prusse, ce qui doubla ses États, mais d'une manière bizarre, car ils formèrent alors deux tronçons séparés par des provinces polonaises. Le successeur de Jean Sigismond, Frédéric-Guillaume, surnommé le Grand Electeur, acquit la Poméranie, qui par sa position intermédiaire tendait à réunir les deux tronçons. Il fut aussi le premier qui prit un pied solide sur la rive gauche de l'Elbe par la réunion des duchés de Magdebourg et d'Halberstadt et du cercle de Halle. Mais quoique la place de Magdebourg, jadis fondée par Charlemagne contre les Slaves, ouvrît ainsi à la Prusse la terre allemande, cette réunion marquait moins un dessein de conquête que le désir d'avoir le passage libre sur l'Elbe, et n'eut d'autre signification que celle qu'avaient alors pour la France ses places sur la rive droite du Rhin et au delà des Alpes [1].

---

[1] Une nation militaire, tout en se donnant pour frontières les grands obstacles géographiques que la nature semble avoir formés pour cet usage, doit posséder les moyens, si elle est menacée par ses voisins, de porter la guerre sur leur

Au commencement du XVIIIe siècle, après quelques autres acquisitions de peu d'importance, l'Electorat fut érigé en royaume qui prit son nom, non pas du Brandebourg, mais de la Prusse, c'est-à-dire de sa partie la plus éloignée et la plus distincte de l'Empire, comme pour mieux marquer la séparation du nouveau royaume d'avec l'Allemagne. Le roi Frédéric Ier fut couronné, non à Berlin, mais à Kœnigsberg.

A l'avènement de Frédéric II, en 1740, la Prusse avait 12 millions d'hectares (c'est-à-dire moins du quart de la France d'aujourd'hui), et seulement 3 millions d'habitants (c'est-à-dire le

---

territoire au lieu de laisser envahir le sien. A cet effet, elle doit avoir au dela de ces obstacles des points d'appui solides et tels d'ailleurs que, si ses armees sont défaites dans le pays ennemi, ils puissent rompre la poursuite dirigée contre elles et, en leur presentant un refuge assure, leur permettre une retraite que l'obstacle même de la frontière rendrait impossible si elles y etaient acculées.

Il est évident que, sans cette precaution, ce même obstacle qui a protegé votre territoire et arrête l'ennemi, vous arrêterait à votre tour, et que l'avantage qu'il vous offrait dans la defensive se retournerait contre vous dans l'offensive.

Au contraire, la possession de certains points sur la rive ennemie vous donne tous les avantages à la fois, elle vous rend maîtres de l'obstacle, puisqu'elle le supprime pour vous et le laisse tout entier pour l'ennemi, et cet avantage immense est obtenu par la simple possession d'une place forte de distance en distance.

C'etait la l'objet des places que la monarchie française s'est toujours reservées de l'autre côte du Rhin et des Alpes. Fribourg, Vieux-Brisach, Philipsbourg remplirent longtemps cet objet au delà du Rhin. « Philipsbourg, qui tint si longtemps le Rhin captif sous nos lois, » a dit Bossuet. Si l'on veut un exemple de cet usage d'une place forte sur la rive ennemie, on n'aura qu'à prendre celui de l'armee de Turenne, après la bataille de Nordlingen, en 1645, quand l'archiduc Leopold prit le commandement de l'armée ennemie et la renforça notablement. Turenne, forcé de battre en retraite, se porta vers Philipsbourg, « mais, dit Napoléon, il fut vivement suivi par l'archiduc, *et, comme il n'avait pas de pont pour repasser le Rhin, il se plaça entre cette place et le fleuve et se retrancha*. Lorsque le pont fut fait, les bagages de l'armée du marechal de Grammont (qui faisait partie de l'armée de Turenne) repassèrent sur la rive gauche. Turenne avec l'armée weymarienne resta dans son camp. L'archiduc reprit Nordlingen et successivement toutes les places qu'avaient prises les Français ; il ne leur resta plus en Allemagne un seul pouce de terre. Quelques semaines après, il se porta en Bohême où l'appelaient les affaires interieures de ce royaume. *Turenne repassa alors le Rhin tranquillement.* » (*Mémoires de Napoléon*, Précis des guerres du maréchal de Turenne, campagne de 1645, § III.)

Casale, Saluces, Pignerol faisaient le même effet par rapport aux defilés des Alpes. « Pignerol, dit le maréchal de Villars, grosse place d'armes au dela des monts, tres propre à soutenir des têtes avancees des quartiers d'hiver. » (*Mémoires*, Campagne de 1693.)

douzième), et s'étendait de l'Elbe au Niémen, mais toujours en deux parties séparées par des provinces polonaises. A l'ouest de l'Elbe, elle ne possédait que quelques enclaves dispersées au milieu de l'Empire et jusque sur le Rhin, dont elle tenait les deux bords entre Dusseldorf et Clèves. Mais il faut bien se rappeler que, dans ce temps, de pareilles possessions ne supposaient pas plus de vues sur l'Allemagne que n'en faisait supposer sur la Suisse la principauté de Neuchâtel, que la Prusse y possédait aussi. Ce n'est pas, en effet, du côté de l'Allemagne que se tournait la Prusse, et il est au moins frappant que Frédéric II, pendant un règne de 46 ans, ne fit pas un pas à l'ouest de l'Elbe [1], que même il vendit le Limbourg et Héristal, qu'il possédait sur la Meuse, et qu'enfin, dans ses desseins de conquête, il ne songea pas à attaquer les petits princes, ses voisins de l'ouest, tandis qu'au contraire il alla provoquer l'empire d'Autriche et lui arracher cette Silésie qui coûta douze années de guerre ; ce qui d'abord peut paraître étrange, mais se comprend très bien quand on remarque que la Silésie est, en effet, la continuation naturelle du territoire prussien vers le sud-est, tandis que l'Allemagne en est une région absolument différente. Et certes, ce prince, qui avait un sentiment si exact des destinées de son pays, ne soupçonnait guère qu'un jour sa maison et son peuple prétendraient non seulement à commander en Allemagne, mais encore à disputer à la France la prééminence en Europe, lui qui admirait la France autant qu'il méprisait l'Allemagne, et qui disait : « Si j'étais roi de France, il ne se tirerait pas un coup de canon en Europe sans ma permission, » tant il jugeait bien la grandeur de la nation, même sous l'ignominie de Louis XV. Après la Silésie, Frédéric II acquit encore, dans le partage de la Pologne, toute la grande province de la Prusse occidentale, qui avait séparé jusqu'alors la Poméranie de la Prusse, et forma ainsi un tout de ses États. Ses successeurs suivirent la même politique, et les derniers partages de la Pologne donnèrent à la Prusse la Posnanie, Thorn et Dantzig, qu'elle a conservés, et en outre tout un immense territoire, depuis la Wartha jusqu'au Niémen (Prusse

---

1 Il n'eut que par desherence la Frise orientale et l'insignifiant comté de Mansfeld, seules acquisitions de la Prusse à l'ouest de l'Elbe pendant ce long règne.

du Sud et nouvelle Prusse orientale), qui aujourd'hui est échu à la Russie.

Tel était l'état de la Prusse au commencement de notre siècle, quatre cents ans après sa formation. Elle était bien alors une puissance à part, intermédiaire entre l'Allemagne et la Russie et aussi différente de l'une que de l'autre. C'était aussi sous ce point de vue que la considéraient Napoléon et la France, qui l'ayant vue se dégager le plus tôt possible des affaires de la première coalition et des guerres du Rhin, pour se tourner vers l'Est et vers la Pologne, ne lui avaient pas gardé rancune de sa malencontreuse expédition de 1792, aussi destituée de raison, d'ailleurs, aux yeux de ses auteurs qu'aux nôtres. La tradition du grand Frédéric et l'instinct des peuples semblaient avoir à jamais donné l'Elbe pour frontière occidentale à la Prusse, que cette situation géographique devait rendre notre alliée, puisqu'elle avait comme nous pour ennemie naturelle la maison d'Autriche, et qu'étant, d'ailleurs, séparée de nous par toute l'Allemagne, elle n'avait rien à démêler directement avec nous.

Jusqu'en 1806, Napoléon persista dans ces sentiments, et ils expliquent l'ennui que lui causèrent les armements de la Prusse et cette nouvelle agression plus insensée encore que celle de 1792. C'est ce qu'il exprimait sincèrement dans la lettre qu'il écrivit alors au roi de Prusse (12 septembre 1806) : « Monsieur mon frère, j'ai reçu la lettre de Votre Majesté. Les assurances qu'elle me donne de ses sentiments me sont d'autant plus agréables que tout ce qui se passe depuis quinze jours me donnait lieu d'en douter. Si je suis contraint à prendre les armes pour me défendre, ce sera avec le plus grand regret que je les emploierai contre les troupes de Votre Majesté. *Je considérerai cette guerre comme une guerre civile, tant les intérêts de nos États sont liés. Je ne veux rien d'elle, je ne lui ai rien demandé.* ... Je dois le dire à Votre Majesté, jamais la guerre ne sera de mon fait, parce que, si cela était, je me considérerais comme criminel. *C'est ainsi que je considère un souverain qui fait une guerre de fantaisie, qui n'est pas justifiée par la politique de ses États.* » Et le même jour l'Empereur faisait écrire à M. de Laforêt, son envoyé à Berlin : « Sa Majesté a eu un long entretien avec les deux ministres de la Prusse et elle doit les avoir convaincus de son désir de vivre en paix avec la Prusse *et de l'impossibilité politique de la guerre*, parce que, pour un prince qui met autant de réflexion dans ses opérations, *faire la guerre à une puissance à laquelle il n'a rien à demander, avec laquelle il n'a rien à démêler, serait un véritable acte de folie.* » Mais l'entente de la France avec une autre puissance continentale eût été trop dangereuse pour l'Angleterre. Son or et ses intrigues prévalurent encore, comme en 1805, sur l'intérêt le plus visible des peuples, et Napoléon fut jeté une seconde fois, et malgré lui, dans une guerre continentale.

N'anticipons point, cependant, sur les événements, et revenons au moment du Consulat.

Cette situation de la Prusse, alors alliée naturelle de la France, explique les acquisitions que le Premier Consul lui fit faire en Allemagne par le traité de 1802 : Paderborn et Munster, qui, avec ses anciennes enclaves, lui donnèrent presque une province en Wesphalie; Erfurt et l'Eichsfeld, Mulhausen, Nordhausen et Quedlinbourg, en Saxe, lui furent surtout atttibués, semble-t-il, pour faire échec à l'influence de l'Autriche en Allemagne et conconsacrer par là l'impuissance allemande.

Les guerres du continent semblaient en effet finies cette fois, et il est vrai de dire que jamais l'Europe n'eut plus de raison de croire à la paix générale. La France, sous le Consulat, non seulement avait atteint sa frontière naturelle du Rhin, mais encore elle avait étendu sa protection sur toute la région allemande jusqu'à l'Elbe et la Bohême, de sorte que l'Allemagne, impuissante contre nous, couvrait pourtant notre frontière, que par son énorme masse elle séparait de l'Autriche. Non seulement nous avions refoulé la maison d'Autriche hors de ses deux places d'armes de l'Italie et de l'Allemagne, où ses armées s'étaient tant de fois formées contre nous, mais nous avions tout employé pour gagner la Prusse qui lui ferait équilibre dans le nord, et nous nous étions alliés à la Russie [1].

---

[1] « Les ministres anglais traitant avec nous de l'échange des prisonniers refusaient d'y comprendre sur le même pied les Russes faits prisonniers en Hollande au service des Anglais. « J'avais deviné, disait l'Empereur, la trempe « du caractère de Paul Ier (le tzar). Je saisis l'occasion aux cheveux; je « fis réunir ces Russes ; je les habillai et les lui renvoyai pour rien. Dès lors ce « cœur généreux fut tout à moi et, *comme je n'avais aucun intérêt opposé à la* « *Russie*, que je n'aurais jamais parlé que justice et procédés, nul doute que

La France était donc assurée enfin et, pour la première fois, libre sur le continent; elle ne pouvait plus avoir d'autre guerre que la guerre maritime et n'avait plus à accomplir que la ruine de l'Angleterre pour « *venger six cents ans d'outrages et de hontes.* » Ce fut, en effet, le seul dessein qui remplit pendant trois années la pensée de Napoléon. Pour notre malheur, l'Angleterre put se sauver du plus grand danger qu'elle ait jamais couru et parvint à détourner sur l'Europe le torrent de la Grande Armée [1].

Les traités qui suivirent les premières guerres de l'Empire ne peuvent être trop médités, car ils sont les leçons d'une politique aussi profonde que celle du Sénat romain.

La paix de Presbourg (1805) abolit le titre d'empereur d'Allemagne, écrivant ainsi dans le droit européen ce qu'avaient imposé en fait les victoires de la France depuis 1796, et rompant le dernier lien qui eût pu rattacher encore l'Allemagne à la Maison d'Autriche. Pour achever de lui en fermer l'entrée et en établir de sûrs gardiens, les royaumes de Wurtemberg et de Bavière furent élevés contre elle et reçurent ses dépouilles [2]. En même temps, en Italie comme en Allemagne, l'Autriche fut tellement repoussée vers l'est [3], qu'il est impossible d'imaginer

---

« je n'eusse disposé désormais du cabinet de Saint-Pétersbourg. Nos ennemis « sentirent le danger, et l'on a voulu que cette bienveillance de Paul lui « ait été funeste, cela pourrait être, car il est des cabinets pour qui rien « n'est sacré. » (*Mémorial de Sainte-Hélène*, journée du 7 août 1816.)

[1] *Mémorial de Sainte-Hélène*, 3 mars 1816. L'Empereur au comte de Las Cases : « Ont-ils eu bien peur de mon invasion en Angleterre ? Quelle fut alors « l'opinion générale à ce sujet ? » Las Cases « Sire, je ne saurais vous le dire, « j'étais déjà repassé en France, mais dans les salons de Paris, nous en fai- « sions des gorges chaudes, et les Anglais qui s'y trouvaient faisaient comme « nous... » — « Eh bien ! a repris l'Empereur, vous avez pu en rire à Paris, *mais « Pitt n'en riait pas dans Londres ; il eut bientôt mesuré toute l'étendue du « danger ; aussi me jeta-t-il une coalition sur le dos au moment où je levais le « bras pour frapper. Jamais l'oligarchie anglaise ne courut de plus grand péril.* »

[2] Dès le 23 août 1805, et à la première menace d'une guerre avec l'Autriche, l'Empereur avait écrit, du camp de Boulogne, à Talleyrand, ministre des affaires extérieures : « Dans cet état de choses, je cours au plus pressé : je lève mes camps et au 1er vendemiaire (23 septembre 1805), je me trouve avec 200,000 hommes en Allemagne et 25,000 hommes dans le royaume de Naples. *Je marche sur Vienne et ne pose les armes que je n'aie Naples et Venise et augmenté tellement les Etats de l'Electeur de Bavière que je n'aie plus rien à craindre de l'Autriche.* »

[3] Comment ne pas admirer la suite de la politique de Napoléon et de celle

comment on eût pu faire davantage pour garantir la France de toute guerre future avec elle : en effet, la France était mise dès lors à l'égard de cette puissance dans la même situation où elle est aujourd'hui, où une guerre directe entre elle et nous paraîtrait si déraisonnable. Mais l'or de l'Angleterre devait rendre inutiles, dès 1809, ces calculs de Napoléon.

La paix de Tilsitt (1807) acheva cette grande œuvre en faisant pour la Prusse, qui s'était tout à coup révélée notre ennemie, ce que le traité de Presbourg avait fait pour l'Autriche. Toutes les provinces de la Prusse à l'ouest de l'Elbe lui furent enlevées, et elle dut s'engager à ne plus se mêler des affaires de l'Allemagne, dont elle fut ainsi expulsée, comme l'avait été l'Autriche. L'Elbe redevint ce que la nature l'avait fait, la frontière de deux peuples[1], et la Prusse fut remise à sa véritable place de puissance secondaire et étrangère à l'Allemagne. Elle perdit en même temps tout ce que lui avaient donné ses spoliations aux derniers partages de la Pologne et, pour perpétuer son impuissance, elle fut entourée d'une ceinture de nouveaux États, les royaumes de Wesphalie et de Saxe, le duché de Varsovie, formés ou agrandis de ses dépouilles. Si bien que, lorsqu'on voit comment Napoléon lui fit payer le prix de son agression, quel soin il prit d'anéantir toute

de nos rois ? « Par le traité de 1696 avec la Savoie, écrivait le maréchal de Villars dans ses *Mémoires*, *la France chassait d'Italie les Autrichiens, en les forçant d'en rappeler leurs troupes, et elle s'ouvrait une porte pour y entrer avec les siennes*, par le moyen du duc de Savoie qu'elle avait detaché de leur alliance et mis dans la sienne. C'est pour cela que l'Empereur et le roi catholique eurent tant de peine a y consentir et que pour les y contraindre, il fallut les menacer de faire la conquête du Milanais. »

[1] Le surlendemain de la bataille d'Iena (16 octobre 1806), l'Empereur écrivait deja au maréchal Berthier, major-général de la Grande Armée : « Présentez-moi un rapport sur tous les pays qui ne sont pas de la Confederation du Rhin et qui se trouvent compris *entre l'Elbe et le Rhin.* »

Son dessein de repousser la Prusse au dela de l'Elbe etait si arrêté qu'il lui enleva jusqu'a sa possession seculaire de la Vieille-Marche, et qu'il ne voulut pas qu'il fût question de lui laisser Magdebourg, cette porte de la rive gauche qu'il voulait précisement lui fermer. La belle reine de Prusse, aux conferences de Tilsitt, essaya en vain de sauver quelque chose du démembrement de son royaume. Comme l'Empereur lui offrait un jour une rose, elle feignit de refuser, disant en minaudant : « Oui, mais au moins avec Magdebourg. » Mais l'Empereur ne savait pas mettre en balance le sang de ses soldats et l'intérêt de l'Etat avec les sourires d'une femme ; il lui répondit durement : « Je ferai remarquer a Votre Majeste que c'est moi qui la donne, et vous qui la recevez. » (*Mémoires de Sainte-Hélène*, journée du 16 juin 1816.)

sa force militaire, comment enfin il écrasa cette puissance, on se demande vraiment s'il ne pressentait pas que c'était là l'œuf d'où sortirait le nouvel Empire.

Si l'on se souvient, en effet, des circonstances de la paix de Tilsitt, on reconnaîtra sans peine que Napoléon a su mettre à profit ses victoires. L'intervention du tzar Alexandre et le point d'honneur qu'il mettait à soutenir son ancien allié rendaient bien difficile l'anéantissement de la Prusse. L'Empereur a fait contre ce royaume tout ce qu'il pouvait faire ; il l'a saigné à blanc, comme l'a dit le prince de Bismarck dans un de ses discours, et le vieux maréchal de Moltke s'est plaint qu'il en eût tiré un milliard pendant les six années qu'il l'avait occupé. Expulsée de l'Allemagne, rejetée au delà de l'Elbe, enserrée à l'ouest et à l'est par de nouveaux États formés de ce qu'elle avait perdu, et au sud par la Saxe qui avait été doublée à ses dépens, réduite de dix millions d'hommes à cinq, de cent-vingt millions de revenus à soixante, imposée de cinq à six cents millions de contributions dont le long payement permit à la France de l'occuper jusqu'en 1812, la Prusse pouvait-elle être réduite davantage ? Et la première stipulation du traité porta en termes formels que les autres provinces n'étaient restituées au roi de Prusse qu'en considération de l'empereur de Russie. Si la Prusse s'est relevée, la faute en est à ce que Napoléon a fait par la suite, et non au traité de Tilsitt.

Il est nécessaire de s'arrêter un moment sur ce point qui a été tant discuté, parce que rien ne serait plus dangereux que d'appliquer dans l'avenir les fausses conclusions de ceux qui, apportant dans l'histoire l'esprit d'abaissement et de pusillanimité de la bourgeoisie de Louis-Philippe, ont blâmé ces traités de l'Empereur et surtout celui de Tilsitt, en disant qu'il faut bien traiter les nations vaincues de peur qu'elles ne se revanchent.

Le plus sûr moyen de ne rien craindre de ses ennemis est de les mettre hors d'état de rien entreprendre, et le traité de Tilsitt avait rempli cette condition, car quel mal aurait jamais pu faire la Prusse à l'Empire français, si celui-ci était resté ce qu'il était en 1807 ? Ce n'est pas sous les coups de la Prusse qu'a succombé Napoléon, mais sous ceux de l'Europe entière conjurée, et cette conjuration n'a pas dépendu de la Prusse. L'histoire ne portera jamais de jugement plus vrai que celui que Napoléon a porté sur lui-même, quand, à Sainte-Hélène, il retraçait en mots inoubliables la cause de sa chute, faisant ainsi justice de la réputation que quelques-uns de ses ennemis avaient usurpée dans ces grands événements.

« J'ai demandé à Napoléon, rapporte le docteur O'Méara, son opinion sur le baron de Stein (ministre auquel beaucoup d'écrivains attribuent le relèvement de la Prusse). « C'est, dit-il, « un patriote, un homme de talent et d'un caractère actif et « remuant. » J'ai fait l'observation que Stein lui avait fait plus de tort que Metternich ou que toute autre personne, et qu'il avait efficacement contribué à sa chute. « Point du tout, a « répondu Napoléon. C'était certainement un homme de talent, « mais si l'on eût suivi son avis, le roi de Prusse eût été perdu « sans retour; Stein était toujours à intriguer et voulait que la « Prusse se déclarât avant le temps favorable contre moi, ce qui « aurait causé sa ruine. Mais le roi était plus prudent que lui, et « ne se déclara qu'au moment convenable, c'est-à dire au mo- « ment du désastre de Russie, dont il prit aussitôt avantage. » Il y eut ici une pause; Napoléon fit quelques pas en avant, s'arrêta, me regarda et dit avec expression : « *Personne, excepté « moi-même, ne m'a fait de mal; je puis dire que j'ai été mon « unique ennemi. Mes propres projets, cette expédition de Mos- « cou et les accidents qui en furent la suite ont été les causes « de ma ruine.* Je fus cause du renvoi de Stein de la cour de « Prusse, mais il eût été très heureux pour moi que l'on eût « suivi ses projets, car la Prusse se fût déclarée avant le temps, « et je l'aurais anéantie comme cela (levant un de ses pieds « et faisant un mouvement avec ce pied comme s'il eût écrasé « une mouche). J'aurais pu, continua-t-il, détrôner le roi de « Prusse et l'empereur d'Autriche sous le plus léger prétexte, « aussi aisément que je fais cela (étendant un de ses pieds). « *J'étais alors trop puissant pour tout le monde, excepté pour « moi, pour que l'on pût me faire du mal impunément.* » (O'Méara, *Écho de Sainte-Hélène*, 6 avril 1817).

Il faut, en effet, arriver, après Presbourg et Tilsitt, à tous les malheurs qui nous accablèrent, quand une politique si admirable et dont la maxime constante, comme celle de Rome, avait été surtout de diviser ses ennemis, se tourna en un tel déréglement d'ambition que, par-dessus tous ces peuples frémissants de ses coups, l'Empereur prétendit mener de front une guerre gigantesque aux deux bouts de l'Europe, et joignit à tant d'ennemis l'Espagne et la Russie. Il faut arriver à 1815 et à ces traités de Vienne, où la Sainte-Alliance fit contre nous tout ce que la haine peut suggérer.

La Prusse non seulement reprit ses anciennes possessions en Allemagne, mais elle les augmenta tellement par l'acquisition de la Westphalie et du duché de Berg, qui lui formèrent une grande province sur le Rhin, et par celle de la moitié de la Saxe qui en forma une autre sur la rive gauche de l'Elbe, qu'elle devint alors un État allemand; qu'entrée ainsi au cœur de l'Allemagne, tous ses intérêts, si longtemps et si naturellement portés vers les plaines de l'Est, furent retournés vers l'ouest, et que, dès lors, on put prévoir tout ce qui suivrait ; car il était impossible que cette monarchie, avide et guerrière, ne sentît bientôt naître le désir d'imprimer les deux griffes de son aigle sur cette grande masse molle de l'Allemagne. Mais, en même temps, la Sainte-Alliance lui donnait toute la rive française du Rhin jusqu'au Luxembourg et au Leinbourg, c'est-à-dire ce que nous appelions les quatre départements réunis, et par là, la mettait aux prises avec la France, à qui on arrachait ses plus légitimes conquêtes et contre qui on remplaçait l'Autriche, définitivement écartée du Rhin, par une nouvelle et aussi puissante ennemie.

Une seule chose demeurait de l'œuvre de Napoléon, que n'avait pas osé détruire la Sainte-Alliance, c'étaient ces nouveaux royaumes de Bavière, de Wurtemberg et de Saxe, qu'il avait élevés contre la puissance impériale et contre la Prusse, appliquant ainsi à l'Allemagne le mot d'un de nos anciens ennemis : « J'aime tant ce pays qu'au lieu d'un roi, je lui en voudrais six. » Et ces trois royaumes, dont les droits, les prétentions et la force sont encore une de nos espérances, restent aujourd'hui au milieu de l'Empire, où sa main prévoyante les a placés comme les éléments d'une dissolution.

Ainsi cette paix trompeuse de Vienne était grosse de toutes les grandes guerres contemporaines. Bien différents des traités qu'avait toujours imposés la France, quand c'était elle qui en dictait les conditions, et qui ne tendaient qu'à affermir la paix, en séparant les puissances rivales par des puissances intermédiaires plus faibles, les traités de 1815 avaient, au contraire, mis la Prusse en contact, d'une part, et sur toute une frontière, avec la France, dont elle était auparavant séparée, et d'autre part, dans toute l'Allemagne, avec l'Autriche, qui cherchait à reprendre son ancienne influence. C'était mettre, de gaieté de cœur, la mèche à côté de la poudre.

La Prusse, malheureusement, sut la première prendre les résolutions vigoureuses qu'exigeait une pareille situation. De même qu'autrefois elle avait joint par la conquête de la Poméranie et de la Prusse occidentale ses deux tronçons de Berlin et de Kœnigsberg, elle suscita d'abord une première guerre pour joindre les deux nouvelles parties dont elle se retrouvait formée sur l'Elbe et sur le Rhin. Ce fut l'objet de la guerre de 1866, qui fondit toute l'Allemagne du Nord dans l'Etat prussien. Puis, par la guerre de 1870, non seulement l'empire d'Allemagne fut reconstitué, mais le démembrement de la France se continua : la spoliation, accomplie en 1815, des quatre départements du Rhin, s'augmenta de celle de l'Alsace et de la Lorraine, changeant ainsi en retraite cette marche constante de la France vers les limites de la Gaule, qui avait commencé avec la monarchie.

Mais si, pour la première fois, la France a dû abandonner des possessions séculaires, elle en garde au fond de son cœur l'ineffaçable ressentiment ; elle souffre et elle attend. L'intelligence qu'ont montrée nos ennemis dans la préparation et l'exécution des guerres de 1866 et de 1870 ne s'est pas retrouvée dans le traité de Francfort, car la première condition d'un traité durable, c'est d'assurer la paix, sans cela pourquoi s'arrêter dans sa victoire? Or, qui osera dire que le traité de Francfort a assuré la paix et qu'il a vidé la querelle de la France et de l'Allemagne, et qui ne voit, au contraire, que la France, ni apaisée ni écrasée, est plus forte aujourd'hui qu'avant la guerre, et que jamais depuis 1815 la Prusse n'a été moins sûre du lendemain ! Et quelle autre démonstration serait il nécessaire de donner de l'imprévoyance de la politique allemande, que cet état de fièvre et d'inquiétude où, depuis vingt ans, elle maintient toute l'Europe, et dont le témoignage le plus éclatant est justement dans ces continuelles assurances d'intentions pacifiques, que l'on se sent forcé de renouveler à chaque fois qu'on ouvre la bouche, et qu'en effet les peuples attendent à chaque fois, pour bien se persuader que cette trêve, qu'on appelle une paix, durera jusqu'au prochain discours.

La Prusse, peu soucieuse de la géologie et de la géographie, a passé l'Elbe, elle a passé le Rhin, elle a englouti l'Allemagne et démembré la France, et s'est imaginée former un seul corps de tous les pays et de tous les peuples qui s'étendent pendant près de trois cents lieues, de Metz à Kœnigsberg. Mais, comme l'a dit Montesquieu, « il y a de certaines bornes que la nature a données aux Etats pour modérer l'ambition des hommes. » L'existence du nouvel empire viole cette loi, et, par cela même, elle sera fatalement la cause de guerres nouvelles; car, s'il y a une manière d'assurer l'équilibre et de donner la paix à l'Europe, ce ne peut être qu'en rétablissant les limites naturelles et en réduisant par conséquent la Prusse à l'état de l'Espagne et de la Suède, qui, par leurs envahissements hors des limites que leur avait marquées la nature, ont si longtemps troublé le continent et qui le laissent aujourd'hui si tranquille.

CHAPITRE IV.

Politique à suivre par la France après la defaite de la Prusse.

Quelle est maintenant la conclusion que nous prétendons tirer des chapitres précédents, car on voudra bien croire que ce n'est pas le seul goût de la géographie ou de la géologie qui a inspiré ces considérations? Elles n'offriront quelque intérêt qu'autant qu'elles se rapporteront aux temps présents ou prochains. Nous voudrions, en effet, qu'elles pussent servir à déterminer la politique que la France devra suivre lorsqu'elle aura vaincu la Prusse. Voici donc cette conclusion :

Dans l'intérêt même de la paix, il est impossible qu'une grande nation comme la France supporte à ses côtés une autre grande puissance dont l'agression est toujours à craindre et qui peut en quinze jours jeter un million d'hommes sur sa frontière. La première garantie d'une longue paix est, en effet, dans ce principe posé par Napoléon lui-même « *que les grandes puissances doivent être séparées par des États plus faibles* [1]. » C'est dans la viola-

---

[1] Voir *Mémoires de Napoléon*, édition 1823, tome II, p. 347 (Pièces justificatives).

tion de ce principe qu'il faut voir la grande cause de l'incertitude et de l'inquiétude présente en Europe. car la destruction de l'équilibre établi autrefois par la politique française ne laisse plus d'autre sûreté aux États que celle que peut leur donner l'accroissement continuel de leurs dépenses et de leurs forces militaires, et leur impose ainsi à perpétuité une lutte d'une espèce nouvelle, dont les difficultés croîtront d'année en année, jusqu'à ce que l'État le plus pauvre, acculé à la banqueroute, préfère courir les hasards de la guerre plutôt que de soutenir une pareille paix. L'Europe s'épuise et se ruine sous le poids de cette politique dont le maréchal de Moltke avouait lui-même l'imprévoyance, quand il disait que l'Allemagne, pour garder sa conquête de 1871, devait rester cinquante ans sous les armes, ce qui revient à dire qu'elle devra payer pour l'Alsace-Lorraine dix fois les cinq milliards que la guerre lui a rapportés.

C'est qu'en effet, comme nous l'avons dit précédemment, le traité de Francfort n'a rempli aucune des conditions d'un véritable traité de paix. Rien ne montre mieux combien peu il a terminé la querelle, que la tentative que, dès 1875, la Prusse a faite de recommencer la guerre ; rien ne montre mieux le peu de sécurité qu'il a donné à l'Allemagne, que cette triple alliance qu'elle a ensuite formée dans la vue même de cette paix que ses victoires avaient si mal assurée. Si, à tous ces efforts pour réparer son imprévoyance, on ajoute ses armements immenses et l'énorme accroissement de son armée, on conviendra sans doute qu'un édifice que depuis vingt ans il a fallu tant de soins pour consolider, a reçu des fondements bien fragiles. Mais, en même temps, on en conclura que ce serait de notre côté une politique aussi aveugle de ne point profiter de nos succès dans la prochaine guerre, pour asseoir enfin l'Europe dans un équilibre assez ferme pour qu'aucun incident de frontière ne soit plus capable de le troubler.

Il est donc évident que la première condition de toute paix durable ne pourra être que l'abolition de l'empire d'Allemagne et la retraite de la Prusse au delà de l'Elbe. La seconde, qui est nécessaire pour maintenir la première, devra être la reformation entre le Rhin et l'Elbe d'une Confédération d'États allemands indépendants de la Prusse et de l'Autriche, et dont l'indépendance sera garantie par la France (on ne parle pas de la restitution à la France de la rive gauche du Rhin, parce qu'elle ne peut faire doute pour un homme sensé).

C'est dans cette reconstitution de l'Allemagne délivrée de la Prusse, qu'est la seule assurance de la paix générale. Cette œuvre elle-même ne pourra être complétée et affermie qu'en rétablissant ou renforçant les États secondaires de l'Allemagne et en groupant les forces de ce grand pays de façon à faire équilibre aux puissances naturellement envahissantes de la Prusse et de l'Autriche. L'intérêt évident des États ainsi reformés et le souci de leur indépendance en feront des gardiens vigilants de leurs frontières, et, comme une nation ne peut et ne doit raisonnablement compter sur une autre que dans la mesure où leurs intérêts sont communs, on voit que ceux de la France et de l'Allemagne seront alors identiques sur un point si important.

Nous n'aurons, d'ailleurs, fait ainsi que réaliser cette vue que les grands hommes de la France ont toujours poursuivie : une ceinture d'États alliés entourant la France, comme autrefois la République romaine, couvrant nos frontières et mettant à l'abri notre territoire, et, par là, toutes nos guerres sur le continent réduites, comme en effet elles doivent l'être lorsque nous aurons la limite du Rhin, au seul devoir de protéger nos alliés.

Voilà, quelque temps qu'il faille pour y parvenir et quelle que soit la génération qui l'atteindra, le dernier but que doit se proposer la politique française, et le seul où elle trouvera un avenir aussi glorieux que son passé, car c'est là la pure tradition des temps de sa gloire.

En 1624, disait Richelieu dans le rapide résumé du règne de Louis XIII, qui ouvre son testament politique, « *Votre Majesté garantit le duc de Savoie de l'oppression des Espagnols* qui l'avaient attaqué ouvertement, et, bien qu'ils eussent une des grandes armées qu'on ait vues depuis longtemps en Italie, et qu'elle fût commandée par le duc de Féria, homme de tête, elle les empêcha de prendre Verrue, dont nos armées, jointes avec celles du duc de Savoie, soutinrent le siége avec tant de gloire qu'ils furent enfin contraints de le lever avec honte.

« Les Espagnols s'étant peu après rendus maîtres de tous les passages des Grisons et ayant fortifié les meilleurs postes de toutes leurs vallées, *Votre Majesté ne pouvant, par une simple négociation, délivrer ses anciens alliés de cette invasion*, en laquelle ces injustes usurpateurs s'affermissaient d'autant plus aisément que le pape les favorisait sous la vaine espérance qu'ils lui donnèrent de procurer quelques avantages à la religion, *fit par la force de ses armes ce qu'elle n'avait pu obtenir par celle de la raison.*

« En 1631, en vertu d'un nouveau traité, *les places de Pignerol et de Pérouse sont demeurées à la puissance de Votre Majesté au contentement et à l'avantage de toute l'Italie, qui craindra d'autant moins à l'avenir une injuste oppression qu'elle voit une porte ouverte à son secours.*

« En ce temps, les mécontentements que le duc de Bavière avait reçus de l'Empereur et des Espagnols, et la crainte que tous les autres électeurs catholiques et protestants avaient d'être dépouillés de leurs États, comme beaucoup d'autres princes l'avaient déjà été à sa sollicitation, les *ayant portés à désirer secrètement votre appui, vous traitâtes avec eux si adroitement et avec tant de succès qu'ils empêchèrent, en la présence même de l'Empereur, l'élection du roi des Romains*, bien que la diète de Ratisbonne eût été convoquée à cette seule fin. »

Deux siècles après le grand cardinal, Napoléon parlait encore le même langage.

Lettre à l'électeur de Bavière, camp de Boulogne, 25 août 1805 : « L'Autriche paraît vouloir la guerre. Je ne puis me rendre raison d'un tel égarement; toutefois, elle l'aura, et plus tôt qu'elle ne s'y attend. J'ai contremandé les mouvements de mes escadres. *L'existence de vingt-cinq régiments autrichiens dans le Tyrol menace trop la Bavière et mes frontières...* L'Autriche se repentira trop tard des fausses démarches qu'on lui fait faire. *La Bavière y gagnera l'accroissement et la splendeur que lui réservent l'ancienne amitié de la France et la politique actuelle de mon empire.* »

Proclamation à l'armée, Pfaffenhofen, 13 octobre 1805 : « Soldats ! il y a un mois que nous étions campés sur l'Océan en face de l'Angleterre, mais une ligue impie nous a ordonné de voler sur le Rhin... Souvenez-vous demain que vous vous battez contre les alliés de l'Angleterre, que *vous avez à vous venger des affronts d'un prince parjure, dont les propres lettres respiraient la paix, quand il faisait marcher ses armées contre notre allié, qui nous a supposés assez lâches pour croire que nous verrions sans rien dire son passage de l'Inn, son entrée à Munich et son agression contre l'Électeur de Bavière.* Il nous croyait occupés ailleurs. Qu'il apprenne, pour la troisième et dernière fois, que nous savons être partout où la patrie a des ennemis à combattre. »

Enfin, nous citerons la lettre suivante, qui est l'exposé le plus net qu'on puisse désirer de cette grande et admirable politique française, et qui renferme toute la conduite à tenir par la France envers l'Allemagne lorsqu'elle l'aura délivrée de la Prusse :

L'Empereur au prince primat, 11 septembre 1806 : « *Lorsque nous avons accepté le titre de Protecteur de la Confédération du Rhin, nous n'avons eu en vue que d'établir en droit ce qui existait de fait depuis plusieurs siècles. En l'acceptant, nous avons contracté la double obligation de garantir le territoire de la Confédération contre les troupes étrangères et le territoire de chaque confédéré contre les entreprises des autres.* Ces obligations, toutes conservatrices, plaisent à notre cœur ; elles sont conformes à ces sentiments de bienveillance et d'amitié dont nous n'avons cessé, dans toutes les circonstances, de donner des preuves aux membres de la Confédération. Mais là se bornent nos devoirs envers elle.

« Nous n'entendons en rien nous arroger la portion de souveraineté qu'exerçait l'empereur d'Allemagne comme suzerain. Le gouvernement des peuples que la providence nous a confiés occupe tous nos moments, nous ne saurions voir croître nos obligations sans en être alarmé. Comme nous ne voulons pas qu'on puisse nous attribuer le bien que les souverains font dans leurs États, nous ne voulons pas non plus qu'on nous impute les maux que la vicissitude des choses humaines peut y introduire. Les affaires intérieures de chaque État ne nous regardent pas. Les princes de la Confération du Rhin sont des souverains qui n'ont pas de suzerain. Nous les avons reconnus comme tels. Les discussions qu'ils pourraient avoir avec leurs sujets ne peuvent donc être portées à un tribunal étranger. La Diète est le tribunal politique conservateur de la paix entre les différents souverains qui composent la Confédération. Ayant reconnu tous les autres princes qui formaient le corps germanique comme souverains indépendants, nous ne pouvons reconnaître qui que ce soit comme leur suzerain. *Ce ne sont point des rapports de suzeraineté qui nous lient à la Confédération du Rhin, mais des rapports de simple protection. Plus puissant que les princes confédérés, nous voulons user de la supériorité de notre puissance, non pour restreindre leurs droits de souveraineté, mais pour en garantir la plénitude.* »

Nous avons cité ces passages pour bien faire voir que nous ne recherchons pas l'attrait de la nouveauté, mais que nous pensons, au contraire, donner toute leur portée à ces maximes politiques en montrant que c'étaient celles des plus grands hommes qui ont gouverné la France, Richelieu et Napoléon, et que, par conséquent, la plus haute ambition qu'on puisse concevoir est de suivre de telles traces.

Il ne reste donc qu'à appliquer leurs leçons au temps présent, et, pour cela, on remarquera tout d'abord qu'aujourd'hui la France n'a plus rien à démêler du côté de l'Italie, puisque cette péninsule forme un grand État capable de se défendre à lui seul contre l'Autriche et qui, quels que soient ses sentiments à notre égard, est toujours moins à craindre pour nous comme voisin que ne l'était auparavant l'Autriche, de l'attaque de laquelle il nous préserve à jamais. C'est à quoi ne songent pas assez ceux qui, n'écoutant qu'un juste ressentiment, blâment tout ce que la France a fait pour ce peuple ingrat. Ils ne font pas attention que, pour faire du mal à un État comme la France, il ne suffit pas d'en avoir la volonté, mais qu'il en faut encore le pouvoir.

Quant à l'Allemagne, la disparition de ses petits États du Nord et la conservation de ses royaumes secondaires n'a fait que faciliter notre tâche, et préparer la forme que ce pays devra recevoir de nos mains, car l'histoire prouve que tous ces petits États, pas plus que ceux de l'Italie, n'ont jamais pu entraver, même un instant, l'action de la puissance dominante, qui était alors l'Autriche, et ont toujours été entraînés par elle contre nous, soit par force, soit même seulement par menace; lorsque nous comptions sur eux, ils ne nous ont jamais donné que l'appui du roseau qui se brise.

Le vrai remède est donc la substitution à tous ces petits États de trois ou quatre royaumes de second ordre, capables de résister par eux-mêmes, tout en ne présentant pour nous aucun des dangers d'une grande puissance militaire.

C'est là le dessein dans lequel Napoléon a agrandi et érigé en royaumes le Wurtemberg, le Bavière et la Saxe, et créé le royaume de Westphalie, la Westphalie et la Saxe devant contenir la Prusse, comme le Wurtemberg et la Bavière contenaient l'Autriche. Et ce qui sera, pour terminer, la meilleure démonstration de la justesse de cette politique, c'est qu'à Sainte-Hélène il en a encore retracé le plan, lui donnant ainsi, avec toute l'autorité de son génie, celle des plus terribles leçons de l'histoire.

En constatant dans son *Précis des guerres du maréchal de Turenne* (campagne de 1647), que l'Allemagne de ce temps-là, divisée en trop de petits États, était toujours facilement entraînée contre la France, il fait, en effet, observer que : « Les armées françaises ont toujours été jouées par les petits princes du corps germanique. *Il aurait été plus utile à la France que l'Allemagne, entre l'Autriche et la Prusse, eût été partagée en trois autres monarchies assez puissantes pour défendre leur territoire, faire respecter la neutralité et contenir l'ambition de l'Autriche, de la Prusse et de la France même;* car cette puissance que nous supposons bornée par le Rhin et les Alpes, ne peut avoir des intérêts à démêler qu'en Italie. Si cette péninsule est monarchique, le bonheur de l'Europe voudrait qu'elle formât une seule monarchie qui tiendrait l'équibre entre l'Autriche et la France et sur mer entre la France et l'Angleterre. *L'Europe ne sera tranquille que lorsque les choses seront ainsi : les limites naturelles.* »

Paris — Imprimerie L. Baudoin, 2, rue Christine.

PARIS. — IMPRIMERIE L. BAUDOIN, 2, RUE CHRISTINE.

www.ingramcontent.com/pod-product-compliance
Ingram Content Group UK Ltd.
Pitfield, Milton Keynes, MK11 3LW, UK
UKHW021040220726
13924UKWH00001B/439

9 782019 678159